MW01041722

商务馆实用汉语短期系列教材
世界汉语教学学会 审订

汉 语 十 日 通

Chinese in 10 Days

汉 英 版

练习册

1. 入门篇

Beginning Level

主 编　杨惠元

副主编　陈 军

商务印书馆

2008年·北京

主　编　杨惠元
副主编　陈　军
编　者　翟艳　蒋荣　柳燕梅
英文翻译　柳燕梅

前 言

　　《汉语十日通》是一套专为短期班零起点的外国学生设计编写的初级汉语综合教材。全套教材共四册，每册均配有练习册。教材和练习册分立，以适应不同周期、不同需求的学习方式，教师和学生可以根据自身的实际水平灵活地选择使用。

　　编写这套练习册的指导思想是：帮助学生复习巩固语音、汉字、词汇、语法等语言要素，然后通过各种形式的练习推动学生把课堂上学到的各种语言知识迅速转化为听、说、读、写四项语言技能，全面提高应用语言进行交际的能力。为落实各册教材的教学目标，全套练习册与各册教材的内容紧密配合。练习的设计目的明确、形式灵活多样、练习量大，充分体现了练习册的辅助作用。

　　语言要素的练习中一般不出现生词，听力和阅读中出现的少量生词放在该练习的后面。为降低难度，减轻学生负担，所有的练习册均配有拼音，便于学生课后独立完成。练习册的部分参考答案附在练习册后，便于师生查找。

　　练习册的内容各有侧重：第一、二分册设计了语音、语法、汉字和听力练习；第三分册设计了词语、语法、汉字和听力练习；第四分册设计了词语、语法、阅读和听力练习。

　　语音练习主要是辨析难音难调，朗读音节，从单音节、双音节到多音节。

　　语法练习主要是使用当课的语法点完成句子、对话，回答问题等。

　　汉字练习多为汉字的书写和认读。

　　听力练习设计了听对话、听语段，然后判别正误和选择正确答案，训练学生聆听理解的能力。

　　词语练习有词义的理解性练习和词语的应用性练习，重在词语搭配的应用性练习。

　　阅读练习精选了学生日常生活中经常遇到的广告、价目表、菜单等实用性很强的语料，使学生能学以致用。

　　由于能力所限，所有疏漏不当之处，祈望使用者指正，以便再版时加以修订。

编 者

2007年11月

Preface

Chinese in 10 Days is a series of basic comprehensive Chinese textbooks designed for beginning students of Chinese as a second language in short-term classes. It consists of four volumes, each with its own workbook. The textbook and workbook are separate in order to suit different periods of learning and different learning needs. Teachers and students have the flexibility to selectively use these books according to the student's actual level and learning pace.

The principles followed in compiling this set of workbooks are as follows: First, to help students review and reinforce all language elements, including phonetics, Chinese characters, vocabulary, and grammar. Second, to help students rapidly transform their knowledge of the language gained in the classroom into the four language skills of listening, speaking, reading and writing through all kinds of exercises, and to improve communication skills. In order to implement the teaching objectives of each textbook, each workbook is closely coordinated with its matching textbook. The workbook contains an abundant variety of exercises with clearly stated goals, serving as a complete supplement to the textbook.

Generally speaking, no new words are added in the language elements exercises while a limited number of new words are placed after the listening and reading exercises. All the workbooks contain pinyin text, which facilitates students' use of the workbooks and allows them to complete exercises independently after class. In addition the answers to certain exercises are attached in the workbook, and convenient to search for both teachers and students.

The content and design differs among the workbooks. Volumes 1 and 2 contain phonetics, grammar, characters and listening exercises; Volume 3 contains vocabulary, grammar, characters and listening exercises; and Volume 4 contains vocabulary, grammar, reading and listening exercises.

Phonetic exercises mainly focus on sound and tone discrimination, and reading of syllables in an order from monosyllabic to disyllabic and to multisyllabic.

Grammar exercises mainly include sentence completion and dialogues, as well as answering questions, using the grammar points of that lesson.

The majority of character exercises involve character writing and reading.

Listening exercises consist of true/false questions and multiple-choice questions following a given dialogue or paragraph, which are designed to train the listening comprehension ability of the students.

Vocabulary exercises include word meaning comprehension and vocabulary application exercises, with an emphasis on word combination application exercises.

The reading exercises use practical authentic materials that students frequently encounter in daily life, such as advertisements, price lists, and menu and so on. These help students apply what they have learned to real life situations.

We look forward to your comments and suggestions for future revisions of this textbook series.

Compiler

November, 2007

目 录 Contents

Dì-yī Kè Nǐ Hǎo!

第1课 你好!

● 语音 Pronunciation

1. 🎧听声母，并按所听的顺序在声母后标出序号。Put the numbers in the parentheses according to the order of what you hear.

① b (4) p (1) m (8) f (3) d (5) t (7) n (2) l (6)

② g ( ) k ( ) h ( ) j ( ) q ( ) x ( )

③ z ( ) c ( ) s ( ) zh ( ) ch ( ) sh ( ) r ( )

2. 🎧听韵母，并按所听的顺序在韵母后标出序号。Put the numbers in the parentheses according to the order of what you hear.

① a ( ) o ( ) e ( ) i ( ) u ( ) ü ( ) er ( )

② ai ( ) ei ( ) ao ( ) ou ( ) ie ( ) iao ( ) iu ( )
ian ( ) in ( ) ua ( ) uo ( ) uai ( ) ui ( )

3. 🎧在听到的韵母下画线。Circle the finals that you hear.

（1）a　　　　o　　　　（2）a　　　　e　　　　（3）u　　　　ü

（4）ai　　　ei　　　　（5）ao　　　ou　　　　（6）an　　　en

（7）ang　　eng　　　　（8）eng　　ong　　　　（9）an　　　ang

（10）en　　eng　　　　（11）in　　　ing　　　　（12）uan　　uen

（13）uang　ueng　　　　（14）uan　　uang　　　（15）uen　　ueng

4. 🎧在听到的声母下画线。Circle the initials that you hear.

（1）b　　　　p　　　　（2）d　　　　t　　　　（3）g　　　　k

（4）z   zh   （5）c   ch   （6）s   sh

（7）z   c   （8）zh   ch   （9）sh   r

（10）j   zh   （11）q   ch   （12）x   sh

5. 填调号。Write down the tone marks according to what you hear.

（1）hao   （2）nin   （3）nimen   （4）tamen

（5）xiexie   （6）bu keqi   （7）duibuqi   （8）mei guanxi

（9）zaijian   （10）yi   （11）er   （12）san

（13）si   （14）wu   （15）liu   （16）qi

（17）ba   （18）jiu   （19）shi

6. 朗读下列音节。Read the following words aloud.

māma（妈妈）	gēge（哥哥）	xiūxi（休息）
yéye（爷爷）	juéde（觉得）	tóufa（头发）
jiějie（姐姐）	yǎnjing（眼睛）	běnzi（本子）
bàba（爸爸）	mèimei（妹妹）	piàoliang（漂亮）
yǔfǎ（语法）	kěyǐ（可以）	xiǎojiě（小姐）
zhǎnlǎn（展览）	fǔdǎo（辅导）	yóuyǒng（游泳）
xǐzǎo（洗澡）	guǎngchǎng（广场）	zhěnglǐ（整理）
bù chī（不吃）	bù tīng（不听）	bù xué（不学）
bù lái（不来）	bù mǎi（不买）	bù xiě（不写）
bú qù（不去）	bú kàn（不看）	

Dì-èr Kè Nǐ Bàba, Māma Máng ma ?

第2课 你 爸爸、妈妈 忙 吗?

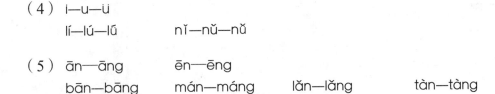

语音 Pronunciation

1. 朗读下列音节。Read the following syllables.

（1） b—p
bā—pā　　bàn—pàn　　bǎo—pǎo　　bái—pái

（2） d—t
dā—tā　　dòu—tòu　　dǔ—tǔ　　diān—tiān

（3） m—n—l
mǐ—nǐ—lǐ　　mǔ—nǔ—lǔ　　mài—nài—lài　　mán—nán—lán

（4） i—u—ü
lí—lú—lǘ　　nǐ—nǔ—nǚ

（5） ān—āng　　ēn—ēng
bān—bāng　　mán—máng　　lǎn—lǎng　　tàn—tàng
bèn—bèng　　fěn—fěng　　pén—péng　　nèn—néng

2. 在听到的音节的声母下画线。Circle the initials according to the syllables you hear.

（1） b　　p　　　（2） b　　p　　　（3） d　　t　　　（4） d　t
（5） m　　n　　　（6） m　　n　　　（7） n　　l　　　（8） n　l
（9） b-p　　p-b　　（10） d-t　　t-d　　（11） n-l　　l-n

3. 在听到的音节的韵母下画线。Circle the finals according to the syllables you hear.

（1） a　　　e　　　（2） o　　　ou　　　（3） ai　　ei
（4） an　　　ang　　（5） an　　　ang　　（6） en　　eng

（7）en　　　　eng　　　（8）o　　　　ong　　　（9）i　　　ü

（10）an-ang　　ang-an　　（11）en-eng　　eng-en　　（12）i-ü　　ü-i

4. 🔊**听后填空**。Fill in the blanks according to what you hear.

（1）___ā　　　　　（2）___ù　　　　　（3）___ǎo　　　　　（4）___án

（5）___ǎo　　　　（6）___óu　　　　　（7）___ú　　　　　（8）___ēi

（9）m___　　　　（10）l___　　　　　（11）d___　　　　（12）n___

（13）n___　　　　（14）l___　　　　　（15）b___　　　　（16）p___

（17）___à___à　　（18）___éi___àn　　（19）n___w___　　（20）m___l___

🔊 听力 Listening

🔊**听写**。Dictation.

（1）_____!

（2）_____。

（3）_____。

（4）_____?

（5）_____?

Dì-sān Kè Nǐ Jiào Shénme Míngzi ?

第3课 你 叫 什么 名字？

●语音 Pronunciation

1. 朗读下列音节。Read the following syllables.

（1）g—k
gāi—kāi　　gǎo—kǎo　　gēn—kěn　　yūng kāng

（2）j—q
jiā—qiā　　jiào—qiào　　jūn—qún　　juǎn—quǎn

（3）ia—iao
jiá—jiáo　　xià—xiào　　qiā—qiāo　　jiā—jiāo

（4）ian—iang
nián—niáng jiān—jiāng　　qiàn—qiàng　　xiǎn—xiǎng

（5）in—ing
bīn—bīng　　mín—míng　　jǐn—jǐng　　xìn—xìng

（6）ie—üe
jié—jué　　qiè—què　　xiě—xuě

（7）ian—üan
jiān—juān　　qián—quán　　xiǎn—xuǎn

（8）in—ün
jīn—jūn　　qín—qún　　xìn—xùn

2. 在听到的音节下画线。Circle the syllables that you hear.

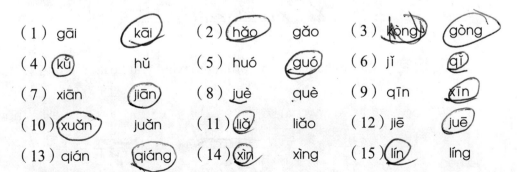

（1）gāi　　kāi　　（2）hǎo　　gǎo　　（3）kòng　　gòng

（4）kǔ　　hǔ　　（5）huó　　guó　　（6）jǐ　　qǐ

（7）xiān　　jiān　　（8）juè　　què　　（9）qīn　　xīn

（10）xuǎn　　juǎn　　（11）liǎ　　liǎo　　（12）jiē　　juē

（13）qián　　qiáng　　（14）xìn　　xìng　　（15）lín　　líng

（16）juǎn　(jiǎn)　（17）qiú　(qún)　（18）(jì)　　jù

（19）yán　(yáng)　（20）xiān　(xuān)

3. 🔊听后填空。Fill in the blanks according to what you hear.

（1）kǎn　　　（2）yāng　　　（3）hēi

（4）qì　　　（5）liǔ　　　（6）xìn

（7）qùiè　　（8）Hánguó　　（9）kōngyǎng

（10）xuéxí　（11）jiějué　　（12）qiánxiàn

（13）qíng　　（14）xiǎng　　（15）jǎn

（16）qiǎo　　（17）xiè　　　（18）qióng

（19）qíngxīn　（20）jiǔqiáng

（21）jiǎqián　（22）xiānxuè

●听力 Listening

1. 🔊听写。Dictation.

（1）Wǒ jiào mǎ lì 。

（2）tā xìng dīng, jiào dīng bīn

（3）Jiàonín guì xìng ?

（4）nǐ xuéxí shénme ?

（5）Wǒ gēge xuéxí hànyǔ 。

2. 🔊听后填空。Fill in the blanks according to what you hear.

　　Wǒ jiào　　　　　Wǒ xuéxí　　　　wǒ　　　　xuéxí Yīngyǔ.
我 叫 wēlián 。我 学习 Frankin, 我 　　　学习 英语。
　　　　　　　　　　　　　　Hànyǔ　　　　Yě ào
　　Wǒ hěn
我 很 fēi lèi 。
　　　máng

Dì-sì　Kè　Zhè　Shì　Shéi　de　Shū ?
第 4 课 这 是 谁 的 书？

●语音 Pronunciation

⌐1.　🔊朗读下列音节。Read the following syllables.

（1）z—c

　　zì—cì　　　　　zuì—cuì　　　　zuǎn—cuān　　　zīn—cūn

（2）zh—ch　　　　　Zve tue

　　zhǐ—chǐ　　　　zhuā—chuā　　　zhuó—chuò　　│zhuài—chuài│
　　　er　　er

（3）sh—r

　　shì—rì　　　　　shú—rú　　　　　shuǐ—ruǐ　　　shuò—ruò

（4）uan—uang

　　zhuàn—zhuàng　chuán—chuáng　shuān—shuāng

⌐2.　🔊在听到的音节下画线。Circle the syllables that you hear.

（1）(zǎo)　　cǎo　　　　（2）sàn　　zàn　　　　（3）(cōng)　　sōng

（4）zhài　│shài│　　　（5）zhòu　│chòu│　　（6）chuí　│shuí│

（7）shè　│rè│　　　　（8）│shěn│　rěn　　　（9）│zuì│　zhuì

（10）cūn　│chūn│　　（11）shǎng　│sǎng│　　（12）zhuāng　│shuāng│

（13）│zhuàn│　zhuàng　（14）shōu　│shuō│　　（15）│huì│　huái　huax.

（16）│kuài│　kuò　　　（17）ruǎn　│rùn│　　　（18）shàn　│shuàn│

（19）sūn　│sēn│　　（20）chóng　│chún│　　（21）(zěn)　zun

（22）│sù│　sì　　　　（23）cuī　├cūn┤　　　（24）rǎn　│ruǎn│

3.　🔊听后填空。Fill in the blanks according to the syllables you hear.

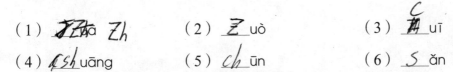

（1）Zh ā　　　　（2）Z uò　　　　（3）C uī

（4）Sh uāng　　　（5）ch ūn　　　（6）S ǎn

（7）ch ū _____ ù _____

（8）ch uán sh uō

（9）zh ēn s ī

（10）z uò zh ǔ

（11）zh ù s ù

（12）ch uán c āng

（13）c ū

（14）z ǔn

（15）sh _____ éi

（16）sh _____ uì

（17）ch uáng

（18）r _____ uò

（19）s uō sh _____ è

（20）sh uō zh uān _____

（21）zh ūn zh ǔ

（22）sh uō x _____

●听力 Listening

1. 听写。Dictation.

（1）_____。

（2）_____。

（3）_____?

（4）_____?

（5）_____。

2. 听后填空。Fill in the blanks according to what you hear.

Zhè shì _____ de cídiǎn. Tā de cídiǎn hěn hǎo. Tā

（1）这 是 ___Wǒ jiějiě___ 的 词典。她 的 词典 很 好。她 ___Xué xí___
Yīngyǔ, tā hěn máng.
英语，她 很 忙。

Zhè shì Mǎlì, nà shì Wáng Měilì. Tāmen shì

（2）这 是 玛丽，那 是 王 美丽。她们 是 ___hǎo péngyou___
Tāmen _____ lǎoshī, shì xuésheng.
她们 ___bù shì___ 老师，是 学生。

Dì-wǔ Kè Nǐ Shì Nǎ Guó Rén？

第5课 你是哪国人？

●语音 Pronunciation

1. 读一读。Read the following words and phrases aloud.

（1） "一"和"不"的变调 The sandhi of "yī" and "bù"

yì jīn （一斤）   yì zhī （一只）

yì píng （一瓶）   yì tiáo （一条）

yì běn （一本）   yì dǐng （一顶）

yí liàng （一辆）   yí jiàn （一件）

bù xiāng （不香）   bù hēi （不黑）

bù xiáng （不详）   bù bái （不白）

bù xiǎng （不想）   bù zǐ （不紫）

bú xiàng （不像）   bú lǜ （不绿）

（2） 儿化 – er final

nǎr （哪儿）   huàr （画儿）

xiǎoháir （小孩儿）   yìdiǎnr （一点儿）

bīnggùnr （冰棍儿）   hǎowánr （好玩儿）

xiǎoyuànr （小院儿）   gànhuór （干活儿）

guǎiwānr （拐弯）   yíxiàr （一下）

yǒushìr （有事儿）   xióngmāor （熊猫）

fànguǎnr （饭馆）   ménkǒur （门口）

pángbiānr （旁边）   dānjiānr （单间）

tǔdòur （土豆）   xiǎoshuōr （小说）

huālánr （花篮）   xìnfēngr （信封）

huāpíngr （花瓶）   qízǐr （棋子）

qiàoménr （窍门）   guǒzhīr （果汁）

2. 在听到的音节下画线。Circle the syllables that you hear.

（1） zuìjìn   zūnjìng   （2） wǎnshang   wánshàn

（3）zuòyè　　　　zòuyuè　　　　（4）shēngcí　　　　shēngcài

（5）lùyīn　　　　lùyǐng　　　　（6）zěnme　　　　zánmen

（7）kǒushì　　　　kěshì　　　　（8）bànfǎ　　　　fāngfǎ

（9）yìsi　　　　yìqǐ　　　　（10）shēngdiào　　　　shāngdiàn

（11）tǒngyī　　　　tóngyì　　　　（12）wánquán　　　　wánqiáng

（13）huānyíng　　　　huànyǐng　　　　（14）xuéxí　　　　xiūxi

（15）xuéyuán　　　　xuéyuàn　　　　（16）liànxí　　　　liángxí

3. 👤听后判别正误。Listen and decide whether the words are true with "√" or false with "✕".

（1）shāngliang（　　）　　（2）bāozhǐ（　　）　　（3）shīshēng（　　）

（4）shēngcí（　　）　　（5）tuìxiū（　　）　　（6）xiǎochī（　　）

（7）bànfǎ（　　）　　（8）kèwén（　　）　　（9）chídào（　　）

（10）qiánxiàn（　　）　　（11）jiàoshī（　　）　　（12）tōngzhī（　　）

（13）bāole（　　）　　（14）mǎi dōngxi（　　）　　（15）kànhuàr（　　）

4. 👤听写音节并朗读。Fill in the blanks according to what you hear and then read aloud.

（1）Nǐ ＿＿＿＿＿＿nǎr?　　　　Nǐ＿＿＿＿＿＿nǎr?

（2）Tā mǎi＿＿＿＿＿.　　　　Tā mǎi＿＿＿＿＿.

（3）Wǒ＿＿＿＿＿fáng.　　　　Wǒ＿＿＿＿＿fáng.

（4）Shéi＿＿＿＿＿gāngbǐ?　　　　Shéi＿＿＿＿＿gāngbǐ?

（5）Tā yào＿＿＿＿＿.　　　　Tā yào＿＿＿＿＿.

（6）Zhè shì wǒ de＿＿＿＿＿.　　　　Zhè shì wǒ de＿＿＿＿＿.

（7）Wǒ de ＿＿＿＿ ＿＿＿ le .　　　　Wǒ de ＿＿＿＿ ＿＿＿ le.

（8）Tā shì＿＿＿＿＿.　　　　Tā qù＿＿＿＿＿.

（9）Wǒ kàn＿＿＿＿＿.　　　　Wǒ kàn＿＿＿＿＿.

（10）Tā de＿＿＿＿＿zěnmeyàng?　　　Tā de＿＿＿＿＿zěnmeyàng?

●语法 Grammar

1. 用"谁、谁的、什么、哪儿、怎么样"等提问。Ask questions with "shéi", "shéide", "shénme", "nǎr", and "zěnmeyàng".

who   who's   what   where   how about - what about
thing   whatever anywher.

例 For example

Bái Hé zài dàxué gōngzuò.
白 禾 在 大学 工作。

Bái Hé zài nǎr gōngzuò?
白 禾 在 哪儿 工作?

Bái lǎoshī gōngzuò hěn máng.
白 老师 工作 很 忙。

Bái lǎoshī gōngzuò zěnmeyàng?
白 老师 工作 怎么样?

Wǒ dìdi shì xuésheng.
(1) 我弟弟是 学生。 *shéi shì xuésheng* ?

Dīng Lán qù shāngdiàn.
(2) 丁 兰 去 商店。 *Dīng lán qu nǎr* ?

Wǒ huí sùshè.
(3) 我 回宿舍。 *Wǒ ni huí qu nar.* ?

Zhè shì lǎoshī de bǐ.
(4) 这 是 老师 的笔。 *Zhè shì shéide bǐ* ?

Wáng Měilì shì Yìnní rén.
(5) 王 美丽是印尼人。 *Wáng Měili shì nǎr ren* ?

Dīng Lán rènshi Mǎlì.
(6) 丁 兰 认识 玛丽。 *shéi rènsh Mǎli* ?

Wǒ jiějie xuéxí Hànyǔ.
(7) 我 姐姐学习 汉语。 *Wǒ jiějie xuéxi shénme*?

Zuìjìn wǒmen xuéxí hěn máng.
(8) 最近 我们 学习 很 忙。 *Zuìjin wǒmen xuéxi Zěnmeyàng*

Tā jiào Mǎlì.
(9) 她 叫 玛丽。 *Tā jiao shéi shenmu*?

Tā shì wǒ gēge de tóngxué.
(10) 她是我哥哥的 同学。 *Tā shì shéide tóngxué*?

2. 完成对话。 Complete the following mini-dialogues.

　　　　　　　　　　Nǐ shì nǎ guó rén?
（1）A：你 是 哪 国 人？

　　　B：*Wǒ shì měi yǒ rén*。

　　　　　　　　　　Mǎlì xuéxí Hànyǔ, nǐ ne?
（2）A：玛丽 学习 汉语，你 呢？

　　　B：*Wǒ xuéxí Hànyǔ*　。

　　　　　　　　　　Dīng Lán xuéxí hěn máng, nǐ ne?
（3）A：丁 兰 学习 很 忙，你 呢？

　　　B：*Wǒ bù máng*　。

　　　　　　　　　　Hǎojiǔ bú jiàn le, zuìjìn zěnmeyàng?
（4）A：好久 不 见 了，最近 怎么样？

　　　B：_____。

　　　　　　　　　　Nǐ qù nǎr?
（5）A：你 去 哪儿？

　　　B：*Wǒ qù túshūguǎn*

●听力 Listening

1. 🎧 **听写。** Dictation.

　　　（1）_____。

　　　（2）_____？

　　　（3）_____？

　　　（4）_____？

　　　（5）_____。

2. 🎧听后填空。 Fill in the blanks according to what you hear.

    Nǐ   tā ma? Tā   wǒmen de lǎoshī, tā   Bái,

（1）你_____她 吗? 她_____我们 的老师，她_____白，

    Bái Hé.

_____白 禾。

    Mǎ Yì xuéxí   Dīng Lán xuéxí   Mǎ Yì qù

（2）马 义 学习_____。 丁 兰 学习_____。马义去_____,

    Dīng Lán bú qù shāngdiàn, tā

  丁 兰 不去 商店， 她_____。

Dì-liù Kè Xiànzài Jǐ Diǎn ?

第6课 现在几点？

●语音 Pronunciation

读一读。Read the following words aloud.

（1）第一声+第一声 1st + 1st

pīnyīn（拼音）　　　　fāyīn（发音）
fāshēng（发生）　　　　fāshāo（发烧）
cānjiā（参加）　　　　cānguān（参观）
kāfēi（咖啡）　　　　fēijī（飞机）
xīngqī（星期）　　　　xīnqū（新区）
xīnxiān（新鲜）　　　　xiāngjiāo（香蕉）

（2）第一声+第二声 1st + 2nd

shēngcí（生词）　　　　shēnghuó（生活）
huānyíng（欢迎）　　　　huāyuán（花园）
gōngyuán（公园）　　　　gāoyuán（高原）
guānyú（关于）　　　　gānyú（甘于）
gōngrén（工人）　　　　gōngrán（公然）
Zhōngguó（中国）　　　　Yīngguó（英国）

（3）第一声+第三声 1st + 3rd

gāngbǐ（钢笔）　　　　qiānbǐ（铅笔）
hēibǎn（黑板）　　　　shēntǐ（身体）
Yīngyǔ（英语）　　　　tīngxiě（听写）
sīxiǎng（思想）　　　　gōngchǎng（工厂）
cāochǎng（操场）　　　　jīngcǎi（精彩）
zhōngwǔ（中午）　　　　shēngchǎn（生产）

（4）第一声+第四声 1st + 4th

shāngdiàn（商店）　　　　shūdiàn（书店）
yīyuàn（医院）　　　　xiāngzào（香皂）

tīnglì（听力）　　shuōhuà（说话）

shēngdiào（声调）　gōngzuò（工作）

ānjìng（安静）　　fāxiàn（发现）

chēzhàn（车站）　　gāoxìng（高兴）

（5）第一声+轻声 1st + Neutral tone

māma（妈妈）　　　gēge（哥哥）

bāozi（包子）　　　xiūxi（休息）

dōngxi（东西）　　　chuānghu（窗户）

bōli（玻璃）　　　　shāngliang（商量）

gānjing（干净）　　　xiānsheng（先生）

fēnfu（吩咐）　　　　zhīshi（知识）

●语法 Grammar

连词组句。Rearrange the words to make sentences.

dìdi　de　wǒ　zǎoshang　qǐchuáng　qī diǎn

（1）弟弟　的　我　早上　　　起床　七点　。

Wǒ dìdi de zǎoshang qīdiǎn qǐchuáng.
de dìdi

wǎnshang　shuìjiào　māma　shíyī diǎn　bàn　měitiān

（2）晚上　　睡觉　妈妈　十一点　半　每天　。

māma měitiān wǎnshang shíyī diǎn bàn shuìjiào

shénme　fùxí　xiàwǔ　shíhou　Níkě　shēngcí

（3）什么　复习　下午　时候　尼可　生词　？

Níkě xiàwǔ fùxí shēngcí shénme?
shénme shíhou xiàwǔ shēng cí?

jiějie　zǎoshang　bā diǎn yí kè　qù　gōngsī　měitiān

（4）姐姐　早上　八点一刻　去　公司　　每天　。

jiějie měitiān zǎoshang bā diǎn yí kè qù gōngsī

fēijī　jǐ　dào　jīchǎng　diǎn

（5）飞机　几　到　机场　点　？

fēijī diào jīchǎng dào diǎn.
fēijī jǐ diǎn dào jīchǎng?

měitiān shíhou shàngwǎng nǐ shénme
（6）每天 时候 上网 你 什么 ？

nǐ meitian shangwang shenme shihou? shenme shihou shang wang.

汉字 Chinese Characters

1. 试一试：把下列古字形和它所代表的汉字与意义用线连起来。
Try: match the following characters with their ancient versions and meanings.

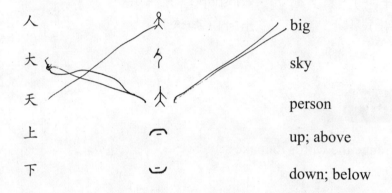

人　大　天　上　下　—　big / sky / person / up; above / down; below

2. 写一写：照样子写汉字。 Write the characters in the blank squares.

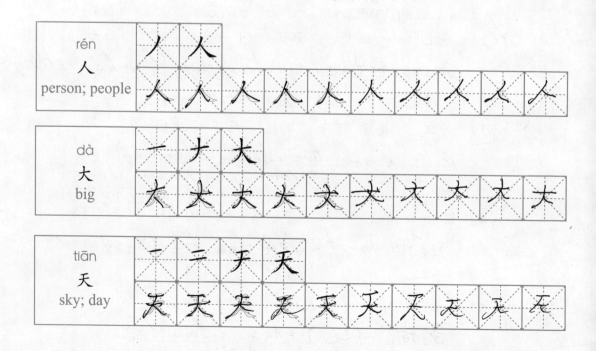

rén 人 person; people

dà 大 big

tiān 天 sky; day

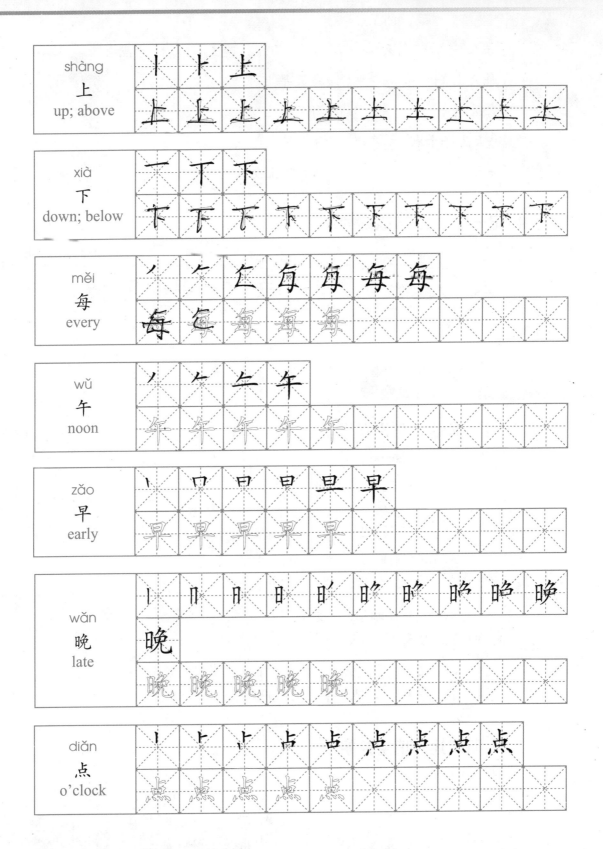

shàng 上 up; above	丨	卜	上							
	上	上	上	上	上	上	上	上	上	上
xià 下 down; below	一	丁	下							
	下	下	下	下	下	下	下	下	下	下
měi 每 every	丿	𠂉	乞	每	每	每	每			
	每	每	每	每	每					
wǔ 午 noon	丿	𠂉	仁	午						
	午	午	午	午	午					
zǎo 早 early	丨	口	日	旦	旦	早				
	早	早	早	早	早					
wǎn 晚 late	丨	口	日	日	日ʼ	晄	晄	晚	晚	晚
	晚									
	晚	晚	晚	晚	晚					
diǎn 点 o'clock	丨	卜	占	占	占	点	点	点	点	
	点	点	点	点	点					

3. 🔊读一读。 Read the following words and phrases aloud.

大人　　　一天　　　上午　　　早上　　　四点

每人　　　　每天　　　　下午　　　　晚上　　　　十点

每天上午　　　　　　　每天早上

每天下午　　　　　　　每天晚上

每天上午十点　　　　　每天早上七点

每天下午四点　　　　　每天晚上九点

4. 记一记。Try to memorize.

听力 Listening

1. 听对话，判别正误。 Listen and decide whether the sentences are true with "√" or false with "✕".

Xiànzài shíyī diǎn.
（1） 现在 十一 点。（　　　）

Wǒ měitiān jiǔ diǎn bàn qǐchuáng.
（2） 我 每天 九点 半 起床。（　　　）

Wǒ měitiān shí diǎn xiàkè.
（3） 我 每天 十点 下课。（　　　）

Wǒ měitiān liù diǎn bàn chī wǎnfàn.
（4） 我 每天 六点 半 吃 晚饭。（　　　）

2. 听叙述，填空并朗读。Fill in the blanks according to what you hear and then read aloud.

Dīng Lán shì　　　　　　xuésheng, tā měitiān
丁 兰 是_____学生，　她 每天_____

qǐchuáng,　　　　chī zǎofàn,　　　　shàngkè.
起床，_____ 吃 早饭，_____上课。_____

xiàkè,   chī wǔfàn. Xiàwǔ   xuéxí,

下课, _____ 吃 午饭。下午_____学习，_____

chī wǎnfàn. Wǎnshang   shuìjiào. Tā měitiān dōu

吃 晚饭。 晚上 _____ 睡觉。 她 每天 都 _____。

Dì-qī Kè   Jīntiān Xīngqī Jǐ ?
第7课 今天 星期 几 ？

●语音 Pronunciation

👤读一读。Read the following words aloud.

（1）第二声+第一声 2nd + 1st

yágāo （牙膏）   yáshuā （牙刷）

máojīn （毛巾）   shíjiān （时间）

fángjiān （房间）   guójiā （国家）

niánqīng （年轻）   tígāo （提高）

chénggōng （成功）   wénzhāng （文章）

nóngcūn （农村）   yuányīn （原因）

（2）第二声+第二声 2nd + 2nd

huídá （回答）   tóngxué （同学）

shítáng （食堂）   yínháng （银行）

yóujú （邮局）   zháojí （着急）

xuéxí （学习）   rénmín （人民）

tuánjié （团结）   wánquán （完全）

niánlíng （年龄）   xuéyuán （学员）

（3）第二声+第三声 2nd + 3rd

cídiǎn （词典）   píngguǒ （苹果）

dúxiě （读写）   niúnǎi （牛奶）

píjiǔ （啤酒）   yóuyǒng （游泳）

chéngguǒ （成果）   chéngzhǎng （成长）

quántǐ （全体）   chuántǒng （传统）

méiyǒu （没有）   jiéguǒ （结果）

（4）第二声+第四声 2nd + 4th

xuéxiào （学校）   xuéyuàn （学院）

niánjì （年纪）   wénhuà （文化）

cídài （磁带）   chídào （迟到）

fúwù （服务）   jiéshù （结束）

yídìng（一定）　　yíyàng（一样）

shíjiàn（实践）　　shíxiàn（实现）

（5）第二声+轻声 2nd + Neutral tone

yéye（爷爷）　　péngyou（朋友）

shénme（什么）　　míngbai（明白）

pútao（葡萄）　　shíhou（时候）

róngyi（容易）　　liángkuai（凉快）

mántou（馒头）　　luóbo（萝卜）

méimao（眉毛）　　máobing（毛病）

●语法 Grammar

完成对话。Complete the following mini-dialogues.

Jīntiān jǐ yuè jǐ hào?

（1）A：今天　几月几号？

B：_Jintian ~~qy~~ jǐyue shi-Sanhǎo_

Jīntiān xīngqī jǐ?

（2）A：今天　星期　几？

What does this mean. B：_Jintian xingqi wǔ_。

Nǐ xīngqī jǐ bú shàngkè?

（3）A：你　星期几不　上课？

B：_____。

Nǐ de shēngrì shì jǐ yuè jǐ hào?

（4）A：你的　生日　是几月几号？

B：_Wo de shengri shì shi-er yuè jio-hào._

Nǐ měitiān xiě Hànzì ma?

（5）A：你　每天　写汉字　吗？

B：_Wo měitiān xiě Hanzi_。

●汉字 Chinese Characters

1. 试一试：把下列古字形和它所代表的汉字与意义用线连起来。
Try: match the following characters with their ancient versions and meanings.

日	〕	sun
月	☉	moon
明	朙	bright
门	〗	door

2. 写一写：照样子写汉字。 Write the characters in the blank squares.

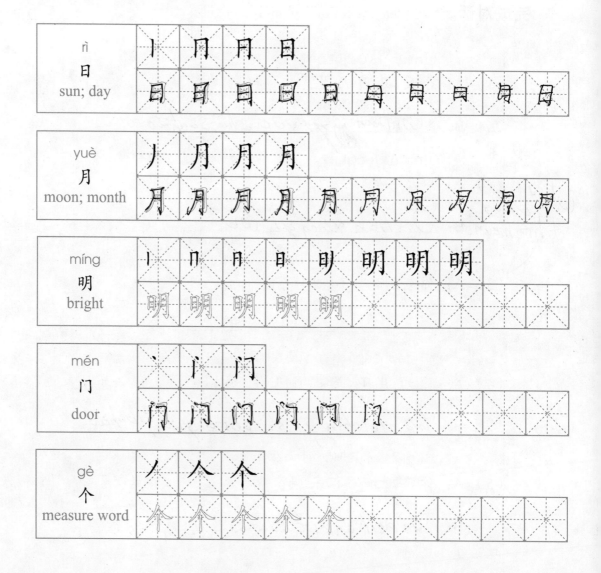

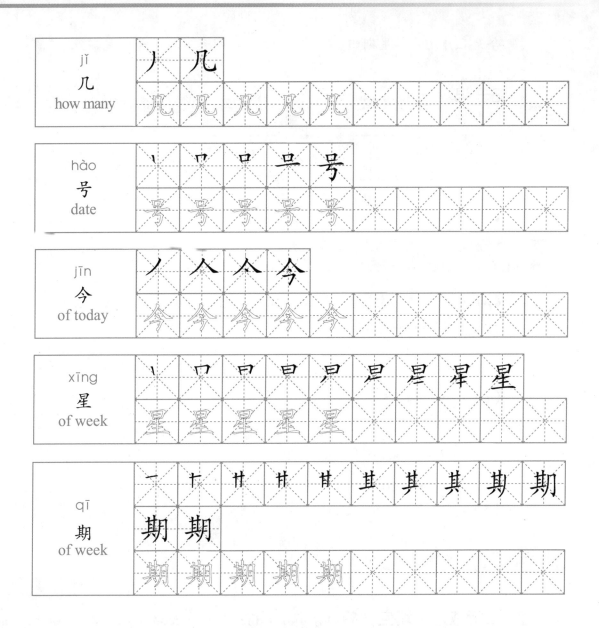

| jǐ 几 how many | 丿 | 几 | | | | | | | | |
| 几 几 几 几 几 | | | | | | | | | | |

3. 读一读。 Read the following expressions.

几月	几个月	星期几	几个星期	几号	几天
二月	三个月	星期二	一个星期	四号	三天
九月	六个月	星期日	四个星期	六号	八天
每月	每个月	每星期	每天		

今天	今天早上	今天上午十点	上个星期	上个月
明天	明天晚上	明天下午五点	下个星期	下个月

今天几月几号，星期几？　　　　　　明天几月几号，星期几？

今天五月九号，星期四。　　　　　　明天五月十号，星期五。

4. **记一记。** Try to memorize.

●听力 Listening

1. 🧑听对话，判别正误。 Listen and decide whether the sentences are true with "√" or false with "✕".

Jīntiān èr yuè sān hào.
（1）今天 二月 三号。（　　　）

Míngtiān Xīngqīwǔ.
（2）明天 星期五。（　　　）

Wǒ de shēngrì shì wǔ yuè shíliù hào.
（3）我 的 生日是五月十六号。（　　　）

Wǒ wǎnshang yùxí kèwén.
（4）我 晚上 预习 课文。（　　　）

2. 🧑听叙述，填空并朗读。 Fill in the blanks according to what you hear and then read aloud.

Jīntiān shì　　　yuè　　　hào, xīngqī　　　Jīntiān shì
今天 是＿＿＿＿月＿＿＿＿号，星期＿＿＿＿。今天 是

Mǎ Yì de　　　xiàwǔ wǒ　　　fùxí kèwén,　　　wǒ qù tā de
马 义 的＿＿＿＿。下午 我＿＿＿＿复习 课文，＿＿＿＿我 去 他 的

sùshè.
宿舍。

Dì-bā Kè　Nǐ Jiā Yǒu Jǐ Kǒu Rén？第8课　你家有几口人？

●语音 Pronunciation

🎧读一读。Read the following words aloud.

（1）第三声＋第一声 3rd + 1st

kǎoyā（烤鸭）　　　　　dǎbāo（打包）

lǎoshī（老师）　　　　　yǎnchū（演出）

Běijīng（北京）　　　　hǎifēng（海风）

jiěshuō（解说）　　　　xǔduō（许多）

fǎngzhī（纺织）　　　　jiǎndān（简单）

shǒudū（首都）　　　　huǒchē（火车）

（2）第三声＋第二声 3rd + 2nd

Měiguó（美国）　　　　Měiyuán（美元）

qǐchuáng（起床）　　　yǔwén（语文）

jiǎnchá（检查）　　　　lǚxíng（旅行）

guǒrán（果然）　　　　zhǔchí（主持）

lǎngdú（朗读）　　　　jǔxíng（举行）

shuǐpíng（水平）　　　kǎohé（考核）

（3）第三声＋第三声 3rd + 3rd

yǔfǎ（语法）　　　　　yěcǎo（野草）

kěkǒu（可口）　　　　zhǎnlǎn（展览）

shǒuzhǐ（手纸）　　　guǎngchǎng（广场）

hěnhǎo（很好）　　　jiǎnduǎn（简短）

xiǎozǔ（小组）　　　liǎojiě（了解）

shuǐguǒ（水果）　　　xǐzǎo（洗澡）

（4）第三声＋第四声 3rd + 4th

Mǎlì（玛丽）　　　　yǎnxì（演戏）

zǎofàn（早饭）　　　kě'ài（可爱）

qǔpiào（取票）　　　mǎnyì（满意）

mǎlù（马路）　　　　kǎoshì（考试）
tǔdì（土地）　　　　qǐngjià（请假）
gǔdài（古代）　　　　nǔlì（努力）

（5）第三声＋轻声 3rd + Neutral tone

nǎinai（奶奶）　　　　jiějie（姐姐）
běnzi（本子）　　　　jiǎozi（饺子）
wǎnshang（晚上）　　　　xǐhuan（喜欢）
dǎban（打扮）　　　　nǎli（哪里）
yǎnjing（眼睛）

●语法 Grammar

连词组句。Rearrange the words to make sentences.

（1）Níkě　jīnnián　mèimei　de　shíwǔ suì
尼可　今年　妹妹　的　十五岁。
nǐkě de mèimè jinnian shiwusui don't have

（2）wǒ·　yǒu　méiyǒu　jiějie　dìdi　yí　gè
我　有　没有　姐姐　弟弟　一　个。
wǒ méiyǒu jiějie, yǒu yígè dìdì

（3）bàba　tā　gōngzuò　zài　yīyuàn
爸爸　他　工作　在　医院。
tā baba yiyuan zài gongzuò

（4）wǒ　xuéxí　zài　Běijīng　Dàxué　Yīngyǔ　péngyou　de
我　学习　在　北京　大学　英语　朋友　的。
Wǒ xuéxí zàide Běijīng *zàide péngyou xuéxi Beijing Yingyu Dàxué*

（5）lǎoshī　shénme　gè　nà　xìng
老师　什么　个　那　姓？

_____

（6）bīnguǎn　de　gēge　zài　gōngzuò　shéi
宾馆　的　哥哥　在　工作　谁？

_____

汉字 Chinese Characters

1. 试一试：把下列古字形和它所代表的汉字与意义用线连起来。
   Try: match the following characters with their ancient versions and meanings.

口   mouth
女   female, woman
马   horse
水   water
好   good

2. 写一写：照样子写汉字。Write the characters in the blank squares.

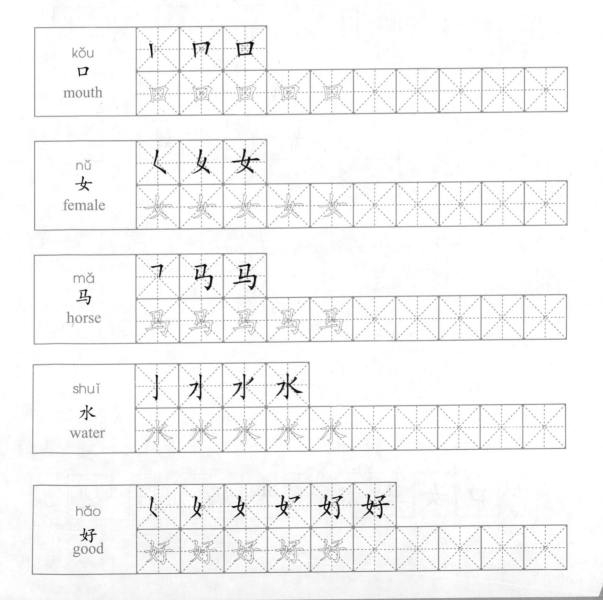

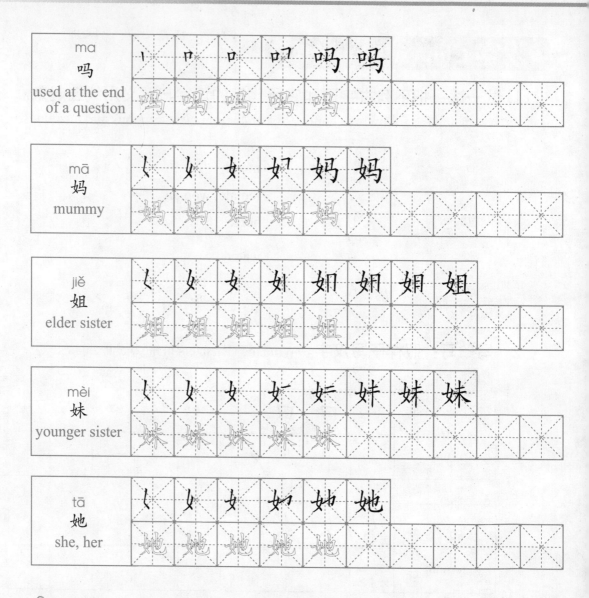

3. 读一读。Read the following expressions.

妈妈	她妈妈	女人
姐姐	一个姐姐	好人
妹妹	三个妹妹	好吗

大山	上山	山上
小山	下山	山下

4. 记一记。Try to memorize.

听力 Listening

1. 听对话，判别正误。 Listen and decide whether the sentences are true with "√" or false with "✗".

    Lǎoshī jiā yǒu qī kǒu rén.
    （1）老师 家有 七 口 人。（   ）

    Jīn Héyǒng yǒu dìdi, méiyǒu jiějie.
    （2）金 和永 有弟弟， 没有 姐姐。（   ）

    Dīng Lán de gēge jīnnián èrshísān suì.
    （3） 丁 兰 的 哥哥 今年 二十三 岁。（   ）

    Mǎ Yì de bàba hé māma dōu shì dàxué lǎoshī.
    （4）马义 的 爸爸和妈妈 都 是 大学 老师。（   ）

2. 听叙述，填空并朗读。 Fill in the blanks according to what you hear and then read aloud.

    Wǒ jiā yǒu   kǒu rén,   hé   Wǒ bàba jīnnián
    我 家 有_____口 人，_____和_____。我 爸爸 今年

    suì, tā shì   Wǒ māma   suì, tā zài
    _____岁，他 是_____。我 妈妈_____岁，她 在

    gōngzuò. Wǒ jīnnián   suì, zài   xuéxí.
    _____工作。 我 今年_____岁，在_____学习。

Dì-jiǔ Kè Píngguǒ Zěn me Mài ?
第9课 苹果 怎么 卖?

●语音 Pronunciation

👤读一读。Read the following words aloud.

（1）第四声＋第一声 4th + 1st

miànbāo（面包）　　　　lùyīn（录音）
hòutiān（后天）　　　　zhèxiē（这些）
diàndēng（电灯）　　　　hùxiāng（互相）
dàjiā（大家）　　　　xìnxīn（信心）
yìnshuā（印刷）　　　　shàngshān（上山）
rènzhēn（认真）　　　　dàshēng（大声）

（2）第四声＋第二声 4th + 2nd

miàntiáo（面条）　　　　Yìnní（印尼）
kèwén（课文）　　　　liànxí（练习）
dàxué（大学）　　　　Rìyuán（日元）
nèiróng（内容）　　　　shànliáng（善良）
gàobié（告别）　　　　zhìliáo（治疗）
shìshí（事实）　　　　fùzé（负责）

（3）第四声＋第三声 4th + 3rd

Hànyǔ（汉语）　　　　Rìyǔ（日语）
shàngwǔ（上午）　　　　huànxiǎng（幻想）
bàozhǐ（报纸）　　　　fùnǚ（妇女）
tiàowǔ（跳舞）　　　　lìshǐ（历史）
dìdiǎn（地点）　　　　zìmǔ（字母）
diànyǐng（电影）　　　　gòumǎi（购买）

（4）第四声＋第四声 4th + 4th

zàijiàn（再见）　　　　guìxìng（贵姓）

sùshè（宿舍）　　xiànzài（现在）

shuìjiào（睡觉）　　xiàkè（下课）

zuòyè（作业）　　Hànzì（汉字）

jiàoshì（教室）　　jièshào（介绍）

diànshì（电视）　　zhùyì（注意）

（5）第四声＋轻声 4th + Neutral tone

bàba（爸爸）　　dìdi（弟弟）

mèimei（妹妹）　　piàoliang（漂亮）

rènshi（认识）　　xièxie（谢谢）

yìsi（意思）　　dìfang（地方）

gùshi（故事）　　yuèliang（月亮）

jìxing（记性）　　hàichu（害处）

●语法 Grammar

量词填空。 Fill in the blanks with proper measure words.

Wǒ yǒu liǎng　　gēge.
（1）我 有 两＿＿＿＿哥哥。

Tā mǎi sān　　cǎoméi.
（2）他 买 三＿＿＿＿草莓。

Kuàngquánshuǐ duōshao qián yì
（3）矿泉水　　多少　钱 一＿＿＿＿?

Xiāngjiāo yí kuài wǔ yì
（4）香蕉　一 块 五 一＿＿＿＿。

Zǎofàn wǒ chī liǎng　　bāozi.
（5）早饭 我 吃 两＿＿＿＿包子。

汉字 Chinese Characters

1. 试一试: 把下列古字形和它所代表的汉字与意义用线连起来。
Try: match the following characters with their ancient versions and meanings.

木　　　　　　　　　tree
休　　　　　　　　　rest
本　　　　　　　　　root of a plant
体　　　　　　　　　body
看　　　　　　　　　look at

2. 写一写：照样子写汉字。Write the characters in the blank squares.

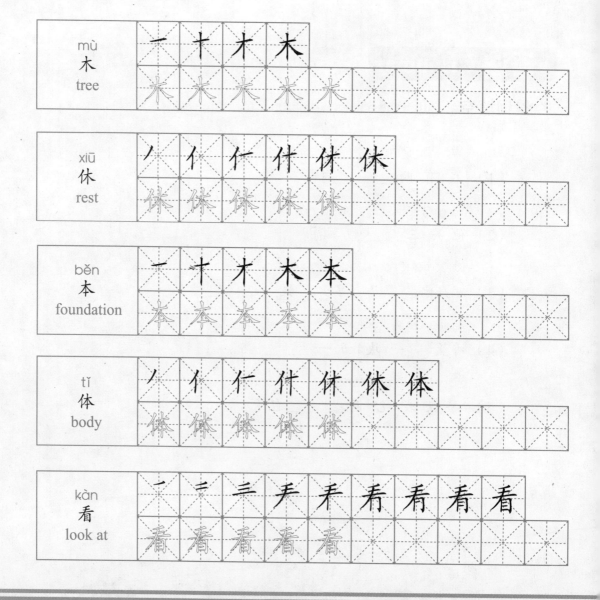

| mù 木 tree |
| xiū 休 rest |
| běn 本 foundation |
| tǐ 体 body |
| kàn 看 look at |

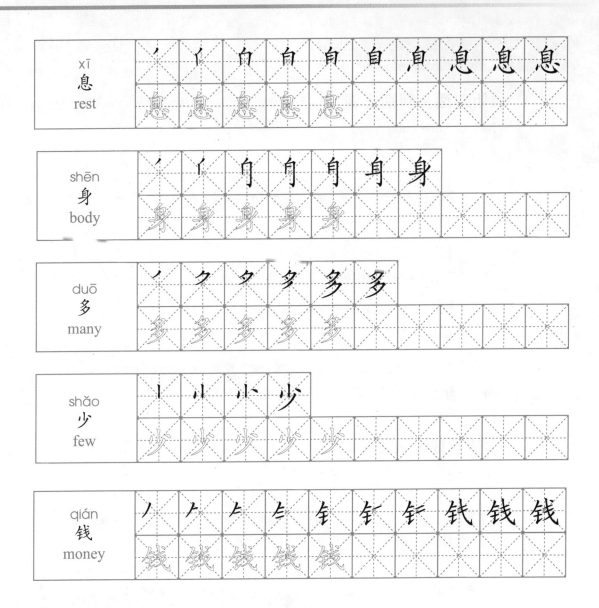

3. 读一读。Read the following expressions.

休息	一本	多少	多少钱	多少个月
身体	三本	多少人	多少天	多少个星期

她休息多少天？　　　　　　她休息一个星期。

她今天晚上休息。　　　　　她每个星期日休息。

她妈妈身体好吗？　　　　　她姐姐身体好。

4. 记一记。Try to memorize.

●听力 Listening

1. 听对话，判别正误。 Listen and decide whether the sentences are true with "√" or false with "✕".

Jīn Héyǒng mǎi sān píng píjiǔ hé sì gè miànbāo, yígòng shí'èr kuài.
（1）金和永 买 三 瓶 啤酒 和 四个 面包， 一共 十二 块。（　　）

Mǎlì mǎi de píngguǒ bù tián.
（2）玛丽买的 苹果 不甜。（　　）

Mǎ Yì mǎi sān jīn cǎoméi, yígòng bā kuài sì.
（3）马义买 三斤 草莓， 一共 八块四。（　　）

Mǎ Yì mǎi de píngguǒ hěn hǎochī, Mǎlì mǎi de cǎoméi hěn tián.
（4）马义买的 苹果 很 好吃， 玛丽买的 草莓 很 甜。（　　）

2. 听叙述，填空并朗读。 Fill in the blanks according to what you hear and then read aloud.

Xīngqīliù　　　　　Wáng Měilì　　　　mǎi miànbāo hé
星期六_____, 王 美丽_____买 面包 和
kuàngquánshuǐ. Miànbāo　　　　yí gè, kuàngquánshuǐ
矿泉水。 面包_____一个， 矿泉水 _____
yì píng. Tā mǎi　　　　miànbāo,　　　　kuàngquánshuǐ, yígòng
一瓶。 她买 _____面包， _____ 矿泉水， 一共
_____。

Dì-shí　Kè　Zhōumò Yúkuài！
第 10 课　周末 愉快！

●综合 Comprehensive

1. 选词填空。Fill in the blanks with appropriate words.

to do　name　study　to go
zuò　jiào　xuéxí　chī　mǎi
做　叫　学习　吃　买

✓ (1) Mǎlì měitiān wǎnshang liù diǎn chī wǎnfàn.
玛丽 每天 晚上 六点 __吃__ 晚饭。

✓ (2) Wǒ jiào Wáng Měilì, shì Yìnní rén.
我 __叫__ 王 美丽，是 印尼人。

✓ (3) Xiànzài wǒ qù shāngdiàn mǎi dōngxi.
现在 我 去 商店 __买__ 东西。

✓ (4) Jīn Héyǒng měitiān dōu qù túshūguǎn zuò zuòyè.
金 和永 每天 都去 图书馆 __做__ 作业。

✓ (5) Zhēnyī hé jiějie dōu zài Běijīng xuéxí Hànyǔ.
真一 和 姐姐 都 在 北京 __学习__ 汉语。

gāoxìng　guì　~~hǎochī~~　~~lèi~~　~~máng~~
高兴　贵　好吃　累　忙

(6) Nǐ bàba, māma gōngzuò máng ma?
你 爸爸、妈妈 工作 __忙__ 吗？

(7) Cǎoméi bā kuài qián yì jīn, tài guì le.
草莓 八 块 钱 一斤，太 __贵__ 了。

(8) Měitiān shàngwǔ xiàwǔ dōu shàngkè, lèi sǐ le.
每天 上午 下午 都 上课，__累__死了。

(9) Rènshi nǐ wǒ yě hěn gāoxìng　Its nice to meet you.
认识 你我也很 __高兴__

(10) Wǒmen xuéxiào shítáng de jiǎozi hěn hǎochī.
我们 学校 食堂 的 饺子 很 __好吃__。

2. **量词填空。** Fill in the blanks with proper measure words.

Dīng Lán jiā yǒu wǔ *tiáo* rén.

（1）丁 兰 家 有 五 ___口___ 人。

Wǒ mǎi yì *jīn* cǎoméi, sān *jīn.* júzi.

（2）我 买 一_____草莓，三_____橘子。

Zhè *ge* xuéxiào zhēn dà.

（3）这_____ 学校 真 大。

Wǒ měitiān zǎoshang hē yì *bēi* kāfēi.

（4）我 每天 早上 喝一_____咖啡。

Sān *píng* píjiǔ yígòng duōshao qián?

（5）三_____啤酒 一共 多少 钱？

Study everything

Wǒ jièshào yíxià, Zhè shì Bái lǎoshī.

（6）我 介绍 一下，这_____是 白 老师。

3. **选择正确的答案。** Circle the most appropriate word for each blank.

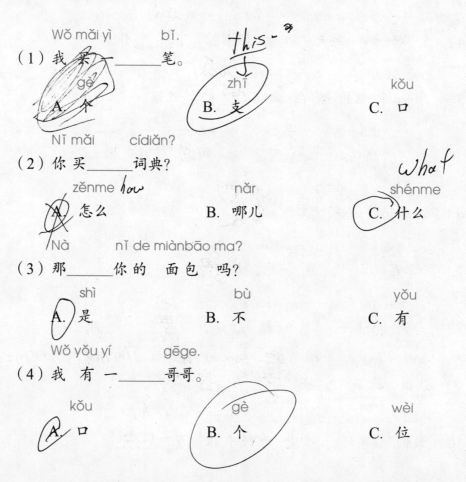

Wǒ mǎi yì ___ bǐ.

（1）我 买 一_____笔。

this - 3

    ge?   zhī   kǒu

    A. 个   B. 支   C. 口

Nǐ mǎi ___ cídiǎn?

（2）你 买_____词典？

    zěnme *how*   nǎr   *what* shénme

    A. 怎么   B. 哪儿   C. 什么

Nà ___ nǐ de miànbāo ma?

（3）那_____你的 面包 吗？

    shì   bù   yǒu

    A. 是   B. 不   C. 有

Wǒ yǒu yí ___ gēge.

（4）我 有 一_____哥哥。

    kǒu   gè   wèi

    A. 口   B. 个   C. 位

Wǒ zuìjìn gōngzuò
（5）我 最近 工作 _____。
máng　　　　　　　hěn máng　　　　　　shì máng
A. 忙　　　　B.（很）忙　　　　C. 是 忙

Wǒ jiějie
（6）我 姐姐_____。
gōngzuò měitiān　　　gōngzuò zài yīyuàn　　shì shòuhuòyuán
A. 工作　每天　　B. 工作 在 医院　（C）是 售货员

4．根据句子的意思，选择"几"或"多少"填空。Choose from "jǐ" and "duōshao" to fill in each blank based on the meaning of sentence.

how many　　　　　how many/how much.
jǐ　　　　　　　　duōshao
几　　　　　　　　多少

Nǐ jiā yǒu jǐ kǒu rén?
（1）A：你 家 有__几__口 人？
Wǒ jiā yǒu sì kǒu rén.
B：我 家 有 四 口 人。　　　yǒu - to have
Dīng Lán yǒu duōshao běn Yīngyǔ shū?
（2）A：丁 兰 有__多少__本 英语 书？　　mèi
Tā yǒu èrshí běn.
B：她 有 二 十 本。
Nǐmen xuéxiào yǒu duōshao gè Měiguó xuésheng?
（3）A：你们 学校 有_____个 美国 学生？
Yǒu bāshíbā gè.
B：有 八十八 个。
Xiànzài jǐ diǎn?
（4）A：现在_____点？
Sān diǎn bàn.
B：三 点 半。

Mǎlì de mèimei jīnnián jǐ suì?

（5）　A：玛丽 的 妹妹 今年_____岁？

Jīnnián jiǔ suì.

B：今年 九岁。

5. **连词组句。** Rearrange the words to make sentences.

zǎoshang　mēitiān　liù diǎn bàn　zǎofàn　chī　tā

（1）早上　　　每天　　六点半　　早饭　吃　他 。

tā mēitiān zǎoshang liù diǎn bàn chī zǎofan.

Mǎlì　péngyou　Dīng Lán　de　shì　hǎo

（2）玛丽　朋友　丁兰　的　是　好 。

*Dīnglán ~~the~~ péngyoo ~~mai shi hǎo~~
shì mǎli de shì péngyo*

nàge　miàntiáo　de　hǎochī　hěn　fànguǎn

~~That~~ （3）那个　面条　的　好吃　很　饭馆 。

Nàge ~~mian~~ fanchuan de miantiao hen hǎochi

Mǎ Yì　bàba　gōngzuò　zài　dàxué　de

（4）马义　爸爸　工作　在　大学　的 。

mǎYin bāba gōngzuò zai ~~the~~ de daxué

chángchang　bāozi　zhèr　de　hǎo　ma

（5）尝尝　　包子　这儿　的　好　吗 ？

Chángchang Zhèr bāozir de hǎo nee?

jiějie　piàoliang　de　Zhēnyī　hěn　zhǎng　de

（6）姐姐　漂亮　得　真一　很　长　的 。

Zhēnyī de piàoliang de jiějie

6. **完成对话。** Complete the following mini-dialogues.

Nǐ jiào *shen na mīng zé*

（1）A：你叫_____？

Wǒ jiào Ānnà.

B：我 叫 安娜。

Tā shì　　　　rén?
（2）A：他 是＿＿＿＿＿人？
　　　Tā shì Yīngguó rén.
　　B：他 是　英国　人.

　　　Nǐ yéye jīnnián
（3）A：你 爷爷 今年＿＿＿＿＿＿＿？
　　　Wǒ yéye jīnnián qīshí suì.
　　B：我 爷爷 今年 七十 岁。

　　　Níkě,　tā shì　*shē*
（4）A：尼可，她 是＿＿＿＿＿？
　　　Tā shì wǒ mèimei, jiào Annī.
　　B：她 是　我 妹妹，叫 安妮。

　　　Wǒmen　　　qù?
（5）A：我们＿＿＿＿＿去？
　　　Míngtiān shàngwǔ qù ba.
　　B：明天　上午　去吧。

　　　Mǎ Yì,　nǐ hǎo. Nǐ
（6）A：马义，你 好。你＿＿＿＿＿？
　　　Wǒ qù shāngdiàn mǎi dōngxi.
　　B：我 去　商店　买　东西。

　　　Hǎojiǔ bú jiàn le.　Nǐ
（7）A：好久 不见 了。你＿＿＿＿＿？
　　　Wǒ hěn hǎo.Xièxie!
　　B：我 很 好。谢谢！

　　　Mǎlì,
（8）A：玛丽，＿＿＿＿＿＿，＿＿＿＿？
　　　Hǎo,wǒ hěn xǐhuan chī jiǎozi.
　　B：好，我 很　喜欢　吃 饺子。

　　　Nǐ mǎi
（9）A：你 买＿＿＿＿＿？
　　　Wǒ mǎi Hànyǔ shū.
　　B：我 买　汉语 书。

Nǐ māma

（10）A：你 妈妈＿＿＿＿＿＿＿？

Wǒ māma zài gōngsī gōngzuò.

B：我 妈妈 在 公司 工作。

Xiànzài

（11）A：现在＿＿＿＿＿＿＿？

Xiànzài chà wǔ fēn shí'èr diǎn.

B：现在 差 五分 十二点。

Kuàngquánshuǐ *duōshao* yì píng?

（12）A：矿泉水＿＿＿＿＿＿＿一瓶?

Liǎng kuài wǔ yì píng.

B：两 块五 一瓶。

7. 填空。Fill in the blanks with proper words.

Jīntiān shì Xīngqītiān, Mǎlì、Wáng Měilì   Dīng Lán yìqǐ qù   fàn.

（1）今天 是 星期天， 玛丽、王 美丽＿＿＿丁 兰 一起去 ＿＿＿饭。

Jiǎozi hěn *chī*   Měizǐ, nǐ *chī* ba.

（2）饺子 很＿＿＿， 美子， 你＿＿＿吧。

Zhēnyī de jiějie yě   Hànyǔ.

（3）真一 的 姐姐也＿＿＿汉语。

汉字 Chinese Characters

1. 写一写：照样子写汉字。Write the characters in the blank squares.

| wǒ 我 I, me | 一 | 二 | 于 | 手 | 我 | 我 | 我 | | |
| | 我 | 我 | 我 | 我 | 我 | | | | |

| è 饿 be hungry | ノ | 个 | 饣 | 饣 | 饣 | 饣 | 饣 | 饿 | 饿 | 饿 |
| | 饿 | 饿 | 饿 | 饿 | 饿 | | | | | |

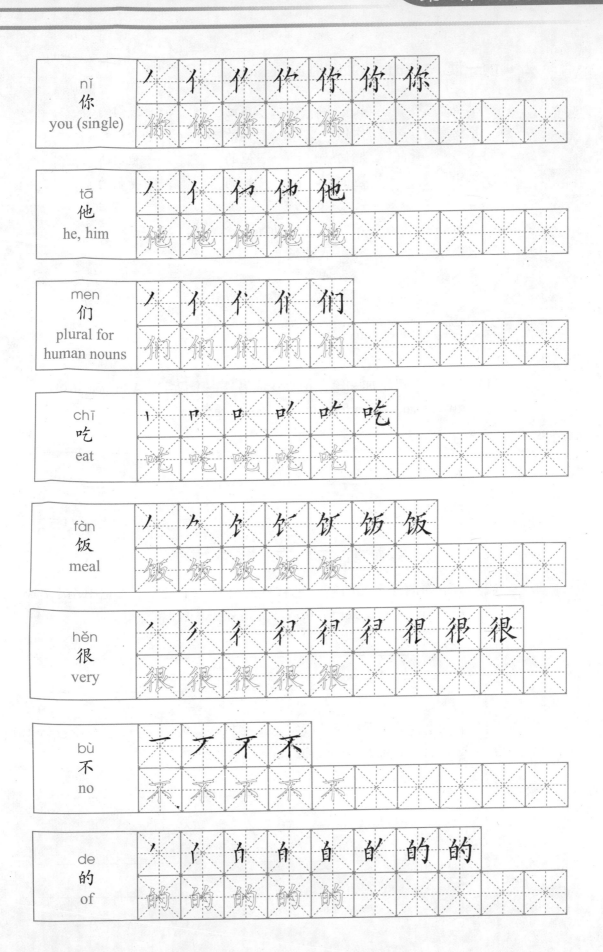

nǐ 你 you (single)	㇒	亻	仒	你	你	你	你
他 tā he, him	㇒	亻	仂	伷	他		
men 们 plural for human nouns	㇒	亻	亻	亻	们		
chī 吃 eat	㇑	口	口	吖	吃	吃	
fàn 饭 meal	㇒	㇉	钅	钌	钌	饭	饭
hěn 很 very	㇒	㇒	彳	衫	行	很	很
bù 不 no	一	丆	不	不			
de 的 of	㇒	亻	白	白	的	的	的

2. 🙋 读一读。Read the following expressions.

很多	我们	我的	我们的
很少	你们	你的	你们的
不多	他们	他的	他们的
不少	她们	她的	她们的

你饿吗？　　　　你吃饭吗？

我很饿。　　　　我吃饭。

我不饿。　　　　我不吃饭。

3. **趣味汉字**。Chinese characters games.

(1) 给下面的汉字加一笔，把它变成另外一个汉字。Add one stroke to each given character to form another character.

口 _____

人 _____

木 _____

下 _____

(2) 给下面的汉字加两笔，把它变成另外一个汉字。Add two strokes to each given character to form another character.

人 _____

十 _____

(3) 请写出含有下列偏旁的汉字，越多越好。Write down characters with the given radicals, the more the better.

亻 _____

口 _____

日 _____

女 _____

(4) 请用下列汉字组词，越多越好。Make words with the given characters, the more the better.

午 _____

天 _____

们 _____

(5) 请把下列汉字组成短语，越多越好。Make phrases with the given words, the more the better.

好 _____

钱 _____

几 _____

不 _____

很 _____

附 Appendix

录音文本及部分练习答案 Scripts and Key Answers for Some Exercises

第1课　你好!

语音 Pronunciation

1. ① b（4）　p（1）　m（8）　f（3）　d（5）　t（7）　n（2）　l（6）
　　② g（4）　k（2）　h（6）　j（1）　q（5）　x（3）
　　③ z（4）　c（5）　s（2）　zh（6）　ch（1）　sh（7）　r（3）

2. ① a（5）　o（7）　e（3）　i（1）　u（2）　ü（4）　er（6）
　　② ai（4）　ei（10）　ao（6）　ou（13）　ie（5）　iao（12）　iu（1）
　　　　ian（9）　in（7）　ua（11）　uo（3）　uai（8）　ui（2）

3. （1）a　（2）e　（3）ü　（4）ai　（5）ou　（6）en　（7）ang　（8）eng
　　（9）an　（10）en　（11）ing　（12）uan　（13）uang　（14）uan　（15）uen

4. （1）b　　（2）t　　（3）g　　（4）z　　（5）ch　　（6）sh
　　（7）c　　（8）zh　　（9）sh　　（10）j　　（11）ch　　（12）x

5. （1）hǎo　　（2）nín　　（3）nǐmen　　（4）tāmen　（5）xièxie
　　（6）bú kèqi　（7）duìbuqǐ　（8）méi guānxi　（9）zàijiàn　（10）yī
　　（11）èr　（12）sān　（13）sì　　（14）wǔ　（15）liù
　　（16）qī　（17）bā　（18）jiǔ　　（19）shí

第2课　你爸爸、妈妈忙吗?

语音 Pronunciation

2. （1）b<u>ái</u>　（2）p<u>èi</u>　（3）t<u>ài</u>　（4）d<u>ōng</u>　（5）n<u>án</u>　（6）m<u>áo</u>

（7）lěng （8）lǎo （9）pùbù （10）tǔdì （11）nǔlì

3. （1）là （2）dōu （3）méi （4）fàn （5）páng （6）téng

（7）zhēn （8）fó （9）lǔ （10）táng shān （11）běn néng （12）qī lǜ

4. （1）fā（发） （2）mù（目） （3）lǎo（老） （4）nán（男）

（5）pǎo（跑） （6）tóu（头） （7）dú（读） （8）bēi（杯）

（9）mǎi（买） （10）lán（兰） （11）dōu（都） （12）néng（能）

（13）ne（呢） （14）lóng（龙） （15）bù（布） （16）pí（皮）

（17）dàbà（大坝）   （18）péibàn（陪伴）

（19）nèiwài（内外）   （20）mánglù（忙碌）

听力 Listening

（1）我身体很好，谢谢！
（2）我们不累。
（3）爸爸、妈妈很忙。
（4）你们累吗？
（5）你哥哥忙吗？

第3课 你叫什么名字？

语音 Pronunciation

2. （1）kāi （2）hǎo （3）gòng （4）kǔ （5）guó （6）qǐ （7）jiān

（8）juè （9）xīn （10）xuǎn （11）liǎ （12）juē （13）qiáng

（14）xìn （15）lín （16）jiǎn （17）qún （18）jì （19）yáng （20）xuān

3. （1）kàn（看）   （2）gāng（刚）   （3）hēi（黑）

（4）qī（七）   （5）jiǔ（久）   （6）xìn（信）

（7）gùkè（顾客） （8）Hánguó（韩国） （9）kōnggǎng（空港）

（10）xuéxí（学习） （11）jiějué（解决） （12）qiánxiàn（前线）

（13）qīng（青）　　　（14）xiǎng（想）　　　（15）juǎn（卷）

（16）qiáo（桥）　　　（17）xiě（写）　　　（18）qióng（穷）

（19）qīngxīn（清新）　　　（20）jiānqiáng（坚强）

（21）jiàqián（价钱）　　　（22）xiānxuè（鲜血）

听力 Listening

1. （1）我叫马义。
　　（2）她姓丁，叫丁兰。
　　（3）您贵姓？
　　（4）你学习什么？
　　（5）我哥哥学习汉语。

2. 我叫玛丽。我学习汉语，我不学习英语。我很忙。

第4课　这是谁的书？

语音 Pronunciation

2. （1）zǎo （2）sàn （3）cōng （4）shài （5）chòu （6）shuí

（7）rè （8）shěn （9）zuì （10）chūn （11）sǎng （12）shuāng

（13）zhuàn （14）shuō （15）huí （16）kuà （17）rùn

（18）shuàn （19）sēn （20）chún （21）zěn （22）sù

（23）cūn （24）ruǎn

3. （1）zhuā（抓） （2）zuò（做） （3）cuī（催）（4）shuāng（双）

（5）chūn（春）　　　（6）sǎn（伞）　　　（7）chūrù（出入）

（8）chuánshuō（传说）（9）zhēnsī（真丝）　　（10）zuòzhǔ（做主）

（11）zhùsù（住宿）　　（12）chuáncāng（船舱）　（13）cū（粗）

（14）zūn（尊）　　　（15）shéi（谁）　　　（16）shuài（帅）

（17）chuáng（床）　　（18）ruò（弱）　　　（19）sùshè（宿舍）

（20）shuǐzhǔn（水准）（21）zhuānzhù（专著）　（22）shuāxǐ（刷洗）

听力 Listening

1. （1）这是我的本子。
   （2）那不是饺子，是包子。
   （3）这是谁的词典？
   （4）你是学生吗？
   （5）我姐姐不是老师。

2. （1）这是我姐姐的词典。她的词典很好。她学习英语，她很忙。
   （2）这是玛丽，那是王美丽。她们是好朋友。她们不是老师，是学生。

第5课　你是哪国人？

语音 Pronunciation

2. （1）zuìjìn　　（2）wǎnshang　　（3）zuòyè　　（4）shēngcài
   （5）lùyīn　　（6）zánmen　　（7）kěshì　　（8）fāngfǎ
   （9）yìqǐ　　（10）shāngdiàn　　（11）tóngyì　　（12）wánquán
   （13）huānyíng　（14）xiūxi　　（15）xuéyuàn　　（16）liànxí

3. （1）shāngliang（√）　（2）bàozhǐ（×）　（3）xīshēng（×）
   （4）shēngzì（×）　　（5）tuìxiū（√）　　（6）xiǎochī（√）
   （7）bànfǎ（√）　　（8）kèwén（√）　　（9）zhīdào（×）
   （10）qiánxiàn（√）　（11）jiàoshì（×）　（12）tóngzhì（×）
   （13）bǎole（×）　　（14）mǎi dōngxi（√）　（15）kànhuār（×）

4. （1）Nǐ qù nǎr?（你去哪儿？）　Nǐ zhù nǎr?（你住哪儿？）
   （2）Tā mǎi yān.（他买烟。）　Tā mǎi yán.（他买盐。）
   （3）Wǒ mǎi fáng.（我买房。）　Wǒ mài fáng.（我卖房。）
   （4）Shéi yǒu gāngbǐ?（谁有钢笔？）　Shéi yào gāngbǐ?（谁要钢笔？）
   （5）Tā yào táng.（他要糖。）　Tā yào tāng.（他要汤。）

（6） Zhè shì wǒ de qīzi.（这是我的妻子。）
　　 Zhè shì wǒ de qízi.（这是我的旗子。）

（7） Wǒ de dùzi bǎo le.（我的肚子饱了。）
　　 Wǒ de tùzi pǎo le.（我的兔子跑了。）

（8） Tā shì jiàoshī.（她是教师。）　　Tā qù jiàoshì.（她去教室。）

（9） Wǒ kàn zázhì.（我看杂志。）　　Wǒ kàn zájì.（我看杂技。）

（10） Tā de zīshì zěnmeyàng?（他的姿势怎么样?）
　　 Tā de zhīshi zěnmeyàng?（他的知识怎么样?）

语法 Grammar

1. （1）谁是学生?
（2）丁兰去哪儿?
（3）你回（去）哪儿?
（4）这是谁的笔?
（5）王美丽是哪国人?
（6）谁认识玛丽?
（7）你姐姐学习什么?
（8）最近你们学习怎么样?
（9）她叫什么（名字）?
（10）她是谁的同学?

2. 略。Ommitted.

听力 Listening

1. （1）尼可，好久不见了。
（2）最近怎么样?
（3）你去哪儿?
（4）金和永是韩国人。你呢?
（5）我不去商店，我回宿舍。

2. （1）你认识她吗? 她是我们的老师，她姓白，叫白禾。
（2）马义学习日语。丁兰学习英语。马义去商店，丁兰不去商店，她回宿舍。

第6课 现在几点?

语法 Grammar

（1）我的弟弟早上七点起床。
（2）妈妈每天晚上十一点半睡觉。
（3）尼可丁个什么时候复习生词?
（4）姐姐每天早上八点一刻去公司。
（5）飞机几点到机场?
（6）你每天什么时候上网? /每天你什么时候上网?

汉字 Chinese Characters

1.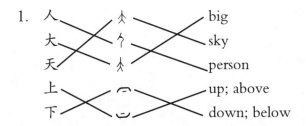

人 ——— big
大 ——— sky
天 ——— person
上 ——— up; above
下 ——— down; below

听力 Listening

1. （1）A：现在几点?
　　　B：现在是一点。

　　　现在十一点。（×）

　（2）A：你每天几点起床?
　　　B：我每天六点半起床。

　　　我每天九点半起床。（×）

　（3）A：你每天几点下课?
　　　B：我每天十二点下课。

　　　我每天十点下课。（×）

　（4）A：你每天几点吃晚饭?
　　　B：我每天六点半吃晚饭。

　　　我每天六点半吃晚饭。（√）

2.　丁兰是<u>中国</u>学生，她每天<u>早上</u>六点半起床，<u>七点零五分</u>吃早饭，<u>八点</u>上课。
<u>中午十二点</u>下课，<u>十二点一刻</u>吃午饭。下午<u>两点</u>学习，<u>五点四十分</u>吃晚饭。晚
上<u>差十分十一点</u>睡觉。她每天都很<u>忙</u>。

第7课　今天星期几？

语法 Grammar

略。Ommitted.

汉字 Chinese Characters

1.

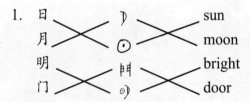

日　　　　丿　　　　sun
月　　　　⊙　　　　moon
明　　　　門　　　　bright
门　　　　の　　　　door

听力 Listening

1.　（1）A：今天几月几号？
　　　　　B：今天三月二号。

　　　　今天二月三号。（✗）

　　（2）A：明天星期几？
　　　　　B：明天星期五。

　　　　明天星期五。（✓）

　　（3）A：你的生日是几月几号？
　　　　　B：我的生日是六月十五号。

　　　　我的生日是五月十六号。（✗）

　　（4）A：你晚上做什么？
　　　　　B：我晚上复习课文。

　　　　我晚上预习课文。（✗）

2.　今天是<u>十月十九号</u>，<u>星期五</u>。今天是马义的<u>生日</u>。下午我<u>在教室</u>复习课文，<u>晚上</u>我去他的宿舍。

第8课　你家有几口人？

语法 Grammar

（1）尼可的妹妹今年十五岁。
（2）我没有姐姐，有一个弟弟。（我没有弟弟，有一个姐姐。）
（3）他爸爸在医院工作。
（4）我的朋友在北京大学学习英语。
（5）那个老师姓什么？
（6）谁的哥哥在宾馆工作？

汉字 Chinese Characters

1.
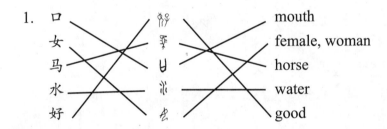

口　　　　　　　　mouth
女　　　　　　　　female, woman
马　　　　　　　　horse
水　　　　　　　　water
好　　　　　　　　good

听力 Listening

1.　（1）玛丽：老师，您家有几口人？
　　　　老师：我家有七口人。
　　　　玛丽：什么？十一口？
　　　　老师：不是十一口，是七口。
　　　　玛丽：啊，十七口。

　　　　老师家有七口人。（√）

　　（2）玛　丽：金和永，你家有几口人？
　　　　金和永：四口人。
　　　　玛　丽：你有姐姐吗？

金和永：没有，我有一个弟弟。

金和永有弟弟，没有姐姐。（√）

（3）尼可：丁兰，你有哥哥吗？

丁兰：有。

尼可：你哥哥多大？

丁兰：三十二岁。

尼可：二十三岁？

丁兰：不是二十三岁，是三十二岁。

丁兰的哥哥今年二十三岁。（╳）

（4）玛丽：马义，你爸爸做什么工作？

马义：我爸爸是老师。

玛丽：他是大学老师吗？

马义：对，他是大学老师。

玛丽：你妈妈也是老师吗？

马义：不是，她是公司职员。

马义的爸爸和妈妈都是大学老师。（╳）

2. 我家有三口人，<u>爸爸、妈妈和我</u>。我爸爸今年四十五岁，他是<u>医生</u>。我妈妈四十三岁，她在<u>学校</u>工作。我今年<u>十八</u>岁，在<u>大学</u>学习。

第9课　苹果怎么卖？

语法 Grammar

（1）个　（2）斤　（3）瓶　（4）斤　（5）个

汉字 Chinese Characters

1.
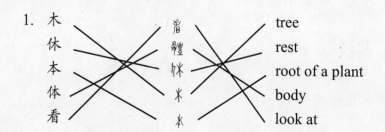

听力 Listening

1. （1）售货员：你买什么？

　　　　金和永：啤酒。多少钱一瓶？

　　　　售货员：四块。要几瓶？

　　　　金和永：三瓶。

　　　　售货员：还要什么？

　　　　金和永：要四个面包。一共多少钱？

　　　　售货员：一共二十块。

　　　　金和永买三瓶啤酒和四个面包，一共十二块。（×）

（2）玛　丽：苹果怎么卖？

　　　售货员：五块一斤。

　　　玛　丽：香蕉呢？

　　　售货员：两块五。

　　　玛　丽：这苹果甜吗？

　　　售货员：不甜不要钱。你要几斤？

　　　玛　丽：三斤苹果，两斤香蕉。

　　　售货员：一共二十块。

　　　玛丽买的苹果不甜。（×）

（3）马　义：草莓一斤多少钱？

　　　售货员：两块八。

　　　马　义：甜吗？

　　　售货员：甜，你尝尝。

　　　马　义：还可以，要三斤。

　　　售货员：买橘子吗？这橘子也不错。

　　　马　义：不要了。

　　　售货员：一共八块四。有零钱吗？

　　　马　义：没有。

　　　售货员：找你九十一块六。

　　　马义买三斤草莓，一共八块四。（√）

（4）马义：玛丽，你买的苹果好吃吗？

　　　玛丽：好吃，你尝尝。

马义：是不错。我买的草莓也很甜。

玛丽：我也尝尝。真的很甜。多少钱一斤？

马义：两块八。我买三斤，一共八块四。

马义买的苹果很好吃，玛丽买的草莓很甜。（╳）

2. 星期六<u>下午</u>，王美丽去商店买面包和矿泉水。面包两块五一个，矿泉水<u>一块二一瓶</u>。她买<u>两个</u>面包，<u>三瓶</u>矿泉水，一共<u>八块三毛钱</u>。

第10课　周末愉快！

综合 Comprehensive

1. （1）吃　　　（2）叫　　　（3）买　　　（4）做　　　（5）学习
　（6）忙　　　（7）贵　　　（8）累　　　（9）高兴　　（10）好吃

2. （1）口　　（2）斤、斤　　（3）个　　　（4）杯　　（5）瓶　　（6）位

3. （1）B　　　（2）C　　　（3）A　　　（4）B　　　（5）B　　　（6）C

4. （1）几　　　（2）多少　　　（3）多少　　　（4）几　　　（5）几

5. （1）他每天早上六点半吃早饭。
　（2）丁兰是玛丽的好朋友。/玛丽是丁兰的好朋友。
　（3）<u>那个饭馆</u>的面条很好吃。
　（4）马义的爸爸在大学工作。
　（5）尝尝这儿的包子好吗？
　（6）真一的姐姐长得很漂亮。

6. （1）什么名字　（2）哪国　（3）多大年纪　（4）谁　　（5）什么时候
　（6）去哪儿　　（7）好吗　（8）我们吃饺子，好不好　（9）什么书
　（10）在哪儿工作　（11）几点　（12）多少钱

7. （1）今天是星期天，玛丽、王美丽<u>和</u>丁兰一起去吃饭。
　（2）饺子很好吃，美子，你<u>尝尝</u>吧。
　（3）真一的姐姐也<u>学习</u>汉语。

汉字 Chinese Characters

3.　（1）口：日
　　　　人：大、个
　　　　木：本
　　　　下：不

　　　（2）人：太、天、今
　　　　十：王、午

　　　（3）亻：什、你、他、做、作……
　　　　口：吃、叫、咖、啡、哪、啤……
　　　　日：时、晚、明、昨……
　　　　女：好、妈、姐、妹、她、姓……

　　　（4）午：上午、中午、下午、午饭……
　　　　天：前天、昨天、今天、明天、后天、每天……
　　　　们：我们、你们、他们、她们……

　　　（5）好：好吃、好久、好人、好书、好学校、好学生……
　　　　钱：多少钱、一块钱、有钱、没钱……
　　　　几：几点、几天、几本、几瓶、几块、几个人……
　　　　不：不吃、不看、不写、不去、不来、不好……
　　　　很：很大、很好、很多、很对、很累、很甜、很可爱、很漂亮……

图书在版编目(CIP)数据

汉语十日通·练习册（汉英版）·1.入门篇/杨惠元主编.—北京：
商务印书馆，2008
（商务馆实用汉语短期系列教材）
ISBN 978-7-100-05740-0

I. 汉…　II. 杨…　III. 汉语—对外汉语教学—习题
IV. H195.4

中国版本图书馆CIP数据核字（2008）第005103号

HÀNYǓ SHÍ RÌ TŌNG · LIÀNXÍCÈ（HÀN-YĪNG BǍN）
汉语十日通·练习册（汉英版）
1.入门篇
杨惠元　主编

商 务 印 书 馆 出 版
（北京王府井大街36号　邮政编码 100710）
商 务 印 书 馆 发 行
北京瑞古冠中印刷厂印刷
ISBN 978 - 7 - 100 - 05740 - 0

2008 年 9 月第 1 版　　　　开本 889×1194　1/16
2008 年 9 月北京第 1 次印刷　印张 4
印数 4 000 册

定价：25.00 元